心經直契：空性的道路

序 ——————————— 心道法師

《心經》是佛教徒的思惟道路，古來儒釋道各家古德都喜歡它，把它當作佛法最簡而易明的核心，也是祖師們花最多心力，用各種思路反覆作講解、作詮釋，不斷作傳播的一部經。

在中土流傳至今，可以說，不管大大小小的人們都會背誦《心經》，它的價值是無比的，是流傳最廣、最受歡迎、最精要的一部佛經。那麼，我是一個喜歡修行的人，這裡是用修行的角度來講

《心經》，希望這份心得對想要修行的

人都用得上，對實修時能有所利益！

心經

觀自在菩薩。

行深般若波羅蜜多時。

照見五蘊皆空。度一切苦厄。

舍利子。色不異空。空不異色。

色即是空。空即是色。受想行識。

亦復如是。舍利子。是諸法空相。

不生不滅。不垢不淨。不增不減。

是故空中無色。無受想行識。

無眼耳鼻舌身意。

無色聲香味觸法。無眼界。

乃至無意識界。無無明。

亦無無明盡。乃至無老死。

亦無老死盡。無苦集滅道。

無智亦無得。以無所得故。

菩提薩埵。依般若波羅蜜多故。

心無罣礙。無罣礙故。無有恐怖。

遠離顛倒夢想。究竟涅槃。

三世諸佛。依般若波羅蜜多故。

得阿耨多羅三藐三菩提。

故知般若波羅蜜多。是大神咒。

是大明咒。是無上咒。

是無等等咒。能除一切苦。

真實不虛。故說般若波羅蜜多咒。

即說咒曰。

揭諦揭諦。

波羅揭諦。

波羅僧揭諦。

菩提薩婆訶。

《心經》在講離心意識的方法，是心的道路，是成就正覺、成就涅槃的道路，也就是成就空性的基道果。

　　這裡先來講重點，再進入經文探討。

　　我們無始劫以來，輪迴生死，苦厄不斷，學佛修行是要找到路回家，回到哪一個家？無為法的家、空性的家，回到「實相無相」的家。

　　怎麼回到「實相無相」？要從「觀

照般若」進入「實相無相」的體性，回
到我們的涅槃妙心，讓心歸位，心住心
位、法住法位。《心經》根據這一個核
心理路來確保我們的修行品質。

　　《心經》整個對我們的觀念作一個
矯正，從文字去了解，從觀照去修行，
從實相去覺受。

　　以下依據「文字般若」、「觀照般
若」、「實相般若」這三種般若來講這
個核心理路。

「文字般若」是工具，叫做方便，從聞而思，思而修，入三摩地。聞思是先觀念矯正，矯正到清楚明了，然後思而修。

修是現量去做「觀照般若」的功夫，叫行深般若波羅蜜多。

「行深」是多做、持續做、不斷做觀照。當觀照到不著相時，是無住，無住就能空，能空就能圓滿。

空到圓滿，滅去一切生滅法，赤裸

顯現我們的本來面目，這是「實相般若」的果實，進入無罣礙的本質，回到實相無相的家、空性的家。

　　我們從這樣的角度，進到「禪」的境界，這個沒有境界的境界、圓滿的世界，也是證量的世界。

　　什麼叫做沒有境界的禪？心如果有境界，心與境就變成相對存在，就有束縛，是生滅的境界、相對境界。

　　我們追求的是禪境。禪境是絕對境

界，是沒有對立的心境；我們常常講一句「不以萬法為侶」，心念與萬象萬物不再相應生起，因為同在一個空性裡而又不是伴侶，從而產生「無住」的心，不再心境對生，沒有對立性，才能度一切苦厄，徹底解決苦厄的發生。

　　真正的「禪」是直接在現實生活中離相，怎麼一針見血去面對生活，讓心活起來，行雲流水，應無所住而生其心，不受著相的困擾。

「禪」的法教從哪裡來？有一次，釋迦佛在靈鷲山上對大眾拈花，那時候，大家都沒有講話，只有迦葉一看，明白佛的心意，就笑了，從佛的拈花體悟到心性，這是最高級的修行，所以釋迦佛說：「吾有正法眼藏，涅槃妙心，實相無相，微妙法門，不立文字，教外別傳，付囑摩訶迦葉。」

　　佛陀說啊！我們都有一個隱藏而沒有被發現的「正法眼」，現在以心傳心，

傳好了！就這樣，留下禪的第一則公案。

這個隱藏的「正法眼」是什麼呢？就是

人人本有、個個不識的這一個明空的見

地、明空的心性。

那麼，佛也是在靈鷲山開演了《心

經》。

我們不能離開「涅槃妙心、實相無

相、不立文字」的法則來認識禪宗，認

識這個源頭與法界。

要達到「涅槃妙心、實相無相」，

一切相都不能立，當我們使用文字時，有兩個相，現象跟心相，只要語言講得出來、文字能表達的，都不是「實相」，是對實相不瞭解。

你以為是，那是錯覺。所以不要小看這一句「不立文字」，以為不重要，不立文字，才能離相，這是非常重要的關鍵！

禪是離開心念、去除現象，進入實相的手段，叫「迴脫根塵、靈光獨

耀」。

　　想，做不到；行，才做得到。行是實修，實修不容易。打禪就是做止觀的老實修行。

　　止是讓心專注，讓散亂心收攝、專注。專注要清清楚楚，不清楚就不是專注。

　　清楚明白什麼呢？心的面貌，本來無一物，何處惹塵埃！

　　止叫做「奢靡他」（梵文 shamatha），

觀是「毘婆奢那」（梵文 vipaśyanā），止而觀，觀而寂靜，寂靜而圓明，圓明無生。「三摩地」（梵文 samādhi）是心一境性，定心一境的三昧力。到「三摩缽底」（梵文 samâpatti）是心境不二，達到正念相續了。

《心經》是禪的修行理路，導引我們一步一步分解動作，破除外在現象、內在心相。

五蘊不去連接，不作用，沒有六根

六塵，沒有六識的分別執著，所以無眼界，乃至無意識界。

進入無意識界，無意識分別就沒有無明。

沒有無明，沒有需要斷除無明。沒有老死，也沒有需要滅盡老死。

沒有十二因緣，也沒有需要滅盡十二因緣。沒有四聖諦，沒有智，也無所得。

破除到最後，看到「本來」。「本來」

是指有一個唯一的東西，過去也這樣，

現在也這樣，從來沒有改變過；找到了，

就不迷惑、不輪迴。

　　「本來」是自生自顯自解脫，本來

就沒有嘛！本來沒有的東西，怎麼斷

除？這時能空一切，離開顛倒夢想與涅

槃的追求，般若波羅蜜多現前，涅槃妙

心、實相無相就這樣產生了，進入阿耨

多羅三藐三菩提的法則，實現無修的原

理。

禪宗有二種方法，這是如來禪、祖師禪的分野。

看禪宗五祖弘忍這兩個學生，神秀、慧能用功不一樣，一外一內、一漸一頓，一個從「有」下手，一個從「沒有」下手。神秀講「身是菩提樹，心如明鏡台，時時勤拂拭，勿使惹塵埃」，神秀的修法是要我們看到自己啊，那麼骯髒，要抹抹擦擦，要常常清洗，讓心鏡漸漸就明晰了；慧能的方法是回到清

淨的本體「菩提本無樹，明鏡亦非台，本來無一物，何處惹塵埃」，本來空無一物，怎麼惹塵埃？既然無體，怎麼染？

　　默照是漸修，是如來禪；頓修是祖師禪，是離語言文字，沒有方法了。大手印、大圓滿的圓滿次第，還是默照禪的範圍；頓修，已經超越生起次第、圓滿次第這兩種次第；修虹光身要「頓超」，還有一個方法。我這裡要講這分野，不容易的。

禪是師徒制。師徒制叫做經驗傳承，不是知識的累積。

修行過程狀況很多，要相當下功夫，還要有好老師指導。有老師才能適時導正你，要緊時候，拉你一把、踹你一腳，讓你像燈光一樣，馬上亮起來。

如果沒有好老師，有時努力也不一定能做到，生命是江湖一點訣！心念神出鬼沒，一起心動念就有重量，就有分別，就會障礙，就是輪迴，所以念頭要

一直除去，除到沒有，達到明空，即使明空，還有微細的相執，明相還是相，要破明相，要老師幫忙，馬上做、馬上得，就是現報，如果一念之差，誤入歧途，那不曉得要走多少冤枉路，到什麼時候，才能有機會被導正。

以上概講《心經》重點，接著分成十段分講。

觀自在菩薩。

《心經》一開頭從「觀自在」破題，
從意根下手。

　　一般人生活為什麼會不自在？找不
到亂源，指東怪西，事實上心是亂源。

　　剛開始，心沒有訓練的話捉摸不
定，見異思遷，心到處流浪、到處住，
住在相對裡，到處罣礙，到處碰壁，沒
有辦法無住，處處生出許多妄相執著，
產生是非、得失、好壞這些分別相，氾
濫成災，比那瀑布、土石流還厲害，這

些「心相」反過來主宰你，讓你不得自在。

如果明白心的源頭，正本清源，是你主宰心，不是心主宰你。

所以我們觀照心哪裡不自在？何時不解脫？不解脫的是心，還是物？觀照到後來，當心物都解脫時，就自在了。所以六祖說，「何期自性本自清淨，何期自性本不生滅，何期自性本自具足，何期自性本無動搖，何期

自性能生萬法。」

　　佛說人人本有佛性，具三明六通，那我們怎麼一通也沒有通？因為心不成熟的緣故，知道也做不到，光是一個知識，沒有力量！要般若波羅蜜多現前，才有力量；沒有觀照，就沒有般若波羅蜜多現前。

　　讓心成熟叫做「明心」；讓心確定下來，叫做「見性」。

行深般若波羅蜜多時。

菩薩是一個實踐力。行深，要花時間，持續不斷實踐觀照覺察。

　　觀照，是能夠透視因緣空的這個東西，像顯微鏡，能透視一切、照明一切。

　　怎麼觀照？訓練心專注，心專注以後，才能看心意識的變化；向內看、內觀，看清楚；然後分解動作看。心散亂，就糊成一團，看不到了。

　　看到最活躍的五蘊，「哇！這些玩意都在那裡」；看到受想行識，一個串

習一個；再看到身相的組合條件，眼耳鼻舌身也是無常、無實質的；繼續再觀察色聲香味觸，一個一個遷流不停，似有似無。看到時，就滅去，生生滅滅。

看到以後，進一步才思考「這些玩意怎麼來的？」這些身心組合，只是業果、業報，造什麼業，就呈現什麼造形，就生什麼感受，變異不定。

做哪些觀照？聲聞跟緣覺。

「聲聞」是聽聞佛法、修持而得解

脱，是觀我空。「緣覺」是觀一切現象
而解脫，是觀一切法空。

　　主體性沒有是我空，客體性沒有是
法空，主客都沒有的時候，我執跟法執
二者都能空，本來虛妄，本來無一物，
了不可得，就是清淨覺性的顯現，叫「能
所雙亡」。

　　大致上，禪修有形而上的學習，學
習內省、內觀、內明，屬於智慧部分；
也有形而下的作用，主要在身體健康起

作用。

　　禪修當中，就是跟自己的意識想法、身體變化，在進行一個和平的工作——怎麼讓這些身心變化，從煩惱、疼痛，到不對立，直到和諧共生而寂靜。這個過程，就是用觀照來轉換。要確實掌握這空性的理路作聞思修。

　　打禪，如果沒掌握《心經》這個核心理路，那是打妄想，混淆視聽，沒有一個念頭不是習氣、不是眾生、不是輪

迴，沒完沒了沒用，都是因緣造作。

　　因為心執著慣了，常常像鬼附體一樣，附著很多現象，變成依賴，那因緣不會空的。

照見五蘊皆空。

「照見五蘊皆空」是破「我執」的方法。

破我執要先看到「五蘊」是什麼？色受想行識，是成為一個人的基本元素。

色是四大和合的，受、想、行、識也是和合的，也是心念的串習，這些構成「我」的身心組合。

如果執著「五蘊為我」，變成「我執」，就發生有「我」的一連串問題。

因為有「我」，「我相」出來；「我相」變成有「我見」，一切見都出來了。

有「我」，就有「你」，有「你」就有「他」，「你、我、他」都成立了，然後「我相、人相、眾生相、壽者相」成立，就有了相對的世界，所以有「我」是相對世界，是五蘊熾盛苦，生命是差別而來，差別是分別意識而來，意識分別種種現象，變成我們的想法、感受、執著，有了選擇，有了得失，從而產生

一連串愛取捨的罣礙，所以，有「我」是輪迴，有「我」是生命，有「我」是觀不自在。

我們的心識像水流一樣，六根隨著六塵現象漂流，心觸到什麼緣，就跟它結合，識就發生，識會分別，「我」會執著；我們在「受想行識」裡面起化學變化，執取心念、執取境相，各自取捨，觸境生心、觸景生情，製造矛盾、衝突，流轉在一切執取的現象中。

你想説，「這一生有這麼長喔！」事實上，念念都是輪迴，一生一個念頭，今生一個念頭，來生一個念頭，每一念都是一生，一生推向一生，生生世世，不斷再生、再死。

在這當中，身體也像水流一樣，剎那變化，沒有停止過，身體從一個細胞開始，從小成長茁壯，一直代謝，一直衰老，身體沒有一個細胞不無常。

要觀自在，要處理「我」的問題，

44

要破除有形態的我、沒有形態的我、意
識形態的我，照見「我」只是一連串幻
象，是五蘊的表相組合，這些幻象，不
管怎麼循環變化、連結組合，幻象還是
幻象，我們實在不能把幻影當作實相！
就像照相機照出來的東西，影像一個接
一個，每個變化都有五蘊的思路節奏，
「我執」在其中作用連結，構成我們的
思想與生活。

　　我們要觀照「色」是因緣和合的；

「受」是短暫的感受；「想」是連貫的
思緒，也是和合的，沒有主體性；「行」
是一個結構性的思緒活動，也是剎那變
動的；「識」是識別作用，不斷生起、
不斷滅去，沒有固定的去留，也是虛幻
不實的。

　　所謂和合是沒有「體性」、沒有實
質性，是現象的排列組合，不斷生起滅
去、此起彼落，叫生滅法。

　　當我們看到五蘊是因緣合和時，

五蘊裡面沒有一個實質的「我」，沒有「我」就沒有「人」去生死，那麼「死的是誰」？有「我」的人要去生死，看到「無我」，沒有生死。

　　如何在心觸緣時，心還是心，緣還是緣，如何離開生滅變動？要不取相！不隨物轉、不隨境跳，通通切掉這些虛妄、偽造的東西，讓心寂滅到不生，把流動的心停止，Match 空性！轉進寂靜。

　　要觀照，要了解「空」是什麼呢？

有三種空，一種叫有的空，一種叫無的空，一種叫不有不無的空。空性的智慧就是在「有」裡面能夠看到「空」，在「空」裡面能夠具足「有」。不管怎麼空，你就要持續、按部就班、死心塌地做「觀照般若」。

有一趟，一個老參跟我對面獨參，他問：「對面這個是誰？」

我說：「我也不認識！」

因為我們的靈性是一個「空相」，

空裡面沒有色相，沒有眼耳鼻舌身意，
沒有受想行識一切現象。

　　修行是保任空明，明是清楚，空是
本來無一物，我們深觀以後，繼續保持，
不斷地實踐觀照空性的智慧，讓生活的
流程當中，都具足這份觀照。

49

度一切苦厄。

當我們了解五蘊是因緣空、不實，沒有主體性，就是具足般若空性的正見。當我們持續觀照，直觀五蘊皆空，保持正念，就是具足般若波羅蜜多。雖然有五蘊，可以不受五蘊苦，才能「度一切苦厄」，度一切分段生死、變異生死的苦。

　　沒有照見五蘊皆空，我們不可能了脫生死、斷除煩惱，雖然常常都在發願「離苦得樂」，那決定是不可能的。

舍利子。

色不異空。空不異色。

色即是空。空即是色。

受想行識。亦復如是。

佛對舍利子說，從因緣空的角度，色空沒有不同，叫「色不異空、空不異色」。

　　再下來，用般若的角度看，會看到「色空不二」，是究竟，色空只是一個表相而已，叫「色即是空、空即是色」。不是實質的空，也不是實質的有。

　　依此，色受想行識，也是造作而來的「有為法」，似有似無、即有即空，物質是看起來有，其實沒有；非物質是

看起來沒有，卻是有。

「空」與「色」，就像海水與浪花一樣，海水激起浪花，當我們看到浪花，它同時也是海水，就像空性裡面生起了色質，色質生起、息滅，還是在空性裡，所以色質跟空性是一體。

等於把海水比喻成空性，浪花比喻色質，如果從緣起面來看，空性的海水也是色質的浪花，浪花既是海水也是浪花；浪花跟海水是不二的，空性顯現為

有質的色，並不是說色質不是空性。一切具足空性。

我們平常腦筋的認識作用，一是從外，從外在現象到內在，發生種種感覺；一是從裡，因為執著，不能空，所以有生有滅、有垢有淨、有增有減。

當我們五蘊生起時，觀照它，就會滅去，看到空，一直觀下去，這時不但是從內在，也從內外的互動裡面，看到身心內外全部在「空」裡面，所以是「色

即是空，受想行識，亦復如是」。

　　修行是在一個相對的世界裡面，看到絕對的實相。這時，在「有」裡面，看到是「空」，在「空」裡面也具足「有」，我們在一切五蘊和合的生活裡面，心沒有了相對，看到的全部是一個絕對性，感官也在這裡面生滅！

　　「般若」能減輕執著度，我們一直觀照，去看一切有無、真假、好壞、是非、善惡，就會對有為的現象產生懷疑，

自然會脫離思惟的相對牽扯，到最後，相對的念頭會被融化掉，煩惱會消融，也會融解我們無始以來執著的心。《心經》教我們用「般若」去生活，讓這些相對的造作物，都進入「空性」攪碎機。

舍利子。是諸法空相。

不生不滅。不垢不淨。

不增不減。

是故空中無色。

無受想行識。

無眼耳鼻舌身意。

無色聲香味觸法。

觀照以後，得到的「果」是什麼呢？

諸法無我，是「諸法空相」。

　　「諸法空相」沒有我，沒有了我相，

也就沒有人相、眾生相、壽者相，這個

「空相」是我們的本體，也是宇宙的本

體，這是我們要證悟的東西，所以佛的

大同世界，是無我見。

　　觀照以後的現象，是什麼？就叫

「不生不滅、不垢不淨、不增不減」。

五蘊是空，生老病死就沒有了，你也會

實質感受到「諸法空相」的不生、不滅、
不染垢、不著淨、在聖不增、居凡不減
的狀況。

　　觀照般若波羅蜜多所產生的效應，
叫做「空中無色，無受想行識，無眼耳
鼻舌身意，無色聲香味觸法」。

　　當我們真實去觀照「空性」的時候，
什麼也沒有，一切具足「空性」！我們
也沒有必要刻意去長出東西來觀照。

　　「空」裡面沒有這些有為法的造作，

沒有相對性的東西。「空」沒有現象，沒有「色」存在過。

我們的靈性是空性，我們追求的淨土是空性，空性在貪瞋癡裡面從來沒有改變過，空性在生老病死裡面從來沒有生滅過，空性在五蘊六根六塵裡面從來沒有離開過，空性在輪迴裡面從來沒有增減過、變化過、消失過──我們要具足這樣一份觀照，才不會輪迴。

修行要在當下解脫，要離二邊，不

再落入相對的圈套。所以不欠「有」的
債，不欠「無」的債，不欠「真假、對錯」
的債。

　　如果你一直在對立二邊上用功，那
不叫佛法。

　　觀如是，只要做，就有效果；如是
因、如是果，其他都只是因緣果報。

無眼界。乃至無意識界。

無無明。

亦無無明盡。

乃至無老死。

亦無老死盡。

無苦集滅道。

無智亦無得。

以無所得故。

修行人的眼界，因為觀空的關係，

沒有一個「相對性」可以看，眼睛看的

就是你觀照的東西，沒有色相可得，所

以「無眼界」，看不到一切色相變化，

即使看到色相變化，也是緣起緣滅。

　　依次，一切相了不可得，沒有六

根，沒有六塵，沒有六識，「乃至無意

識界」。沒有十八界。

　　「無意識界」因為眼無相，所以意

無相；意無相，所以沒有無明。沒有無

明，所以沒有行、識、名色、六入、觸、受、愛、取、有、生、老死，沒有這些現象流轉，本來沒有，也不用破除什麼；沒有十二因緣，也沒有緣覺依十二因緣的修行。

「無苦集滅道」意思是，苦集滅道也是分別意識製造出來的。

「苦集」是我們發現問題的地方，「滅道」是解決問題的一個緣起。

因為無明，所以有老死；因為有老

死，所以有苦集滅道。當我們看到諸法空相、無相的時候；空性裡面是無二的，我們也不用從空性中去產生苦，沒有苦的現象，所以沒有集的主題，沒有滅的方法，也沒有行持的道。

沒有「苦集滅道」四諦，也沒有所謂依持四諦修行的聲聞阿羅漢等。

沒有六度，沒有六度的菩薩修持，也沒有修菩薩道得果，一直行持「觀照般若波羅蜜多」，叫做「無智」，會

得到無所得智慧，無得亦無所得，本來如此，達到空性生命，叫做「無智亦無得」。

我們在「無所得」的智慧裡面，發起做覺有情的工作，做度有情的菩薩，才會心無罣礙；因為心無罣礙，才沒有恐怖，遠離顛倒。

我們依照《心經》的方法貫徹在生活裡，就會得到阿耨多羅三藐三菩提的究竟，法身無相，報身無二，化身無礙。

方法不到位，修行不夠，才會見色生心，聽聲逐想，生起相對的念頭，搖擺不定，忙個不停，叫「有眼界」。打坐是在打「無眼界，乃至無意識界」！

　　多麼簡單的一個佛法中心思想！但是，我們常常抓不住，抓到都是滴滴答答的法、一堆思想垢屎，沒有辦法度苦。

　　事實上修行就是那麼簡單，如果觀照力更強，就如同貓出來時，老鼠就不見，所以我們生活中要把般若貓找出

來，只要般若貓一出現，煩惱鼠馬上躲

起來。

菩提薩埵。

依般若波羅蜜多故。

心無罣礙。無罣礙故。

無有恐怖。

遠離顛倒夢想。

究竟涅槃。

「菩提薩埵」是覺有情的意思。當我們行持度有情的時候，也是要度我們覺悟有情的一切情緒反映，就是說，要依照空性的智慧來度眾生，也要度我們度眾生時內心所產生的一些見解、思緒、感情。

我們的身心是一個反應器，是接受因緣果報來的，也就是我們跟所有眾生相連結、相感應的反應器、發射台。

事實上，什麼是眾生？有內在眾

生、外在眾生，外在眾生其實也是內在眾生，降伏眾生要降伏自心，降伏就是不作用、不相應現象起作用，就是回到空性，因為當下不相應、不起後續作用，所以說度一切內外眾生。

我們自己是一個製造跟銷售現象的大工廠。你看！六根是接觸外境的一個管道，五蘊在巡迴思惟造作，我們銷售現象，回收業報，變成世界，失去了不生不滅的本來，現在我們把這個業力工

廠，拆了吧！

　　心像魔術師，心能圓滿，也能缺失；
能觀空，也能分別長短好壞。心意造作
就像魔術幻變，像畫工能描繪一切，也
像萬花筒，變幻不停，所以我們必須一
直分析解剖這個現象的製造流程，從思
惟到觀照空，這樣離開心意識的造作。

　　有了空性智慧，面對世界，面對種
種發生，才沒有罣礙。

　　心無罣礙，才不會恐怖一切生命的

消逝，沒有看到組合的顛倒相，也沒有
看到夢一樣的生命。

　　所以認識空性，看到空性的無生無
滅，才能認識到自己的「本來面目」是
什麼。真心是沒有相可得的，所以沒有
後遺症。

　　意識能夠離相觀照，離相才沒有意
識造作，沒有造作才會沒有無明，才能
夠回到本覺。

　　修行人的思想從這種觀照因緣空

而來，修行人的生活就是用般若去生活，在生活當中去作用空性，建立正見，保任正念，具足空性的覺受，產生解脫的覺悟，所以叫「生活即修行、工作即福田」。

三世諸佛。

依般若波羅蜜多故。

得阿耨多羅三藐三菩提。

三世諸佛——過去佛、現在佛、未來諸佛——都是依照空性的智慧，行深般若波羅蜜多，得到正等正覺的。

　　我們跟外道之間的差距，就是「般若波羅蜜多」。不依照「般若波羅蜜多」修持，那不是佛道，無法證得無上正等正覺，沒有辦法獲得本覺本明本空，也就是明空的一體性。

　　「阿耨多羅三藐三菩提」是無上正等正覺，是「明空不二、空有一體」的

圓覺世界。

　　有人問佛說：「有沒有正等正覺可得？」

　　佛回答說：「因為我得正等正覺是無所得，才是得！」

　　要以無所得的心，得正等正覺。

故知般若波羅蜜多。

是大神咒。

是大明咒。是無上咒。

是無等等咒。

能除一切苦。真實不虛。

故說波若波羅蜜多咒。

即說咒曰。

揭諦揭諦。波羅揭諦。

波羅僧揭諦。

菩提薩婆訶。

我們要依止般若波羅蜜多這種力量！般若波羅蜜多是很大的能力，是能夠空明的能力，是不惑的能力，是無上、最神聖、不可比擬的能力，能斷除一切無明，能除一切苦，這是真實的、不虛假的力量。

心咒意思是：「去吧！去吧！依止空性觀照去度，空性成就，觀照成就，到彼岸。」

為什麼最後要表現這個咒？菩薩的

咒音是一個振波，是驅動的作用。

　　比如我在講話，是為了讓你瞭解我的意思，同樣的，菩薩的咒音就是祂的願力頻道。

　　你常持祂的咒，你的心念就會自然連結上菩薩的願力頻道，直接契合觀音菩薩的「般若波羅蜜多」，佛菩薩報化盡虛空、遍法界，可見威德力有多大，對自己修持更有加持！

《心經》統攝空有，

周遍法界

分段講完，收攝重點如下：

　　世界有兩個面向，一面「有」，一面「空」。「有」的通路在「空」，「空」的作用在「有」。

　　「空」涵蓋一切「有」。「空」是認識本源，還原本質，不是破壞性的。「空」不會破壞「有」的生態，所以「空、有」不是相對。

　　因為「無我」的「空有關係」，「有無」都是沒有，二者之間不是相對關係，

也不是對錯關係，是「本然」的關係，

「本然」就是一種「如來」的不變法則，

如來是觀照明晰的空，觀照事物現象的

空，是「你清楚、我清楚，彼此都清楚」！

　　如果我們只認識「有」的一面，沒

有認識到「空」的一面，就有礙。如果

只認識「空」的一面，沒有認識「有」

的一面，也是有礙。

　　認識「空有不二」才能無礙。這個

是行深般若波羅蜜多的軌道，它是雙軌

的，也是不二的，叫做菩提大道、空性

大道，也叫做覺成就的大道。

　　我們都在一切因緣裡面修行，我們

也不離開一切五蘊現象觀空。

　　有覺就是看到空性，沒有覺就是看

到現象、看到生死輪迴。

　　所以我們要養成空性的習慣，不要

養成輪迴的執著，常常要把心從現象的

附著上拉回來。生活中使用「我」，是

根據「沒有」。

在「沒有」裡面所建立的任何東西，

是空中樓閣，如幻、如化、如彩虹，所

以《心經》講「空有關係」是從相對性

引導我們產生反思，達到絕對性。

「照見五蘊皆空」是讓「我執」從

有到沒有的過程，以般若為管道，把現

象導入空性，破掉「法執」，讓一切歸

零。

怎麼歸零、歸於本來、歸到「如」

的地方？認識實相、趣入實性！這樣

安住本來，就能見如來，這叫「緣起性空」。

從「空」也可以作用「有」，可以使用「我」，因為具足「般若波羅蜜多」，行持菩薩道，才能度一切苦厄，度一切眾生，為了正遍知、明行足、善逝、世間解、無上士、調御丈夫、天人師，來成就十方國土，獲得正等正覺，這是「性空緣起」，叫做空行。

禪修下功夫，就是為了讓心細膩

化。念頭一直細、一直細，細到微，微到空，空到寂，寂到無，什麼也沒有，這時「三昧力」出來。

「三昧力」又叫「三摩地」，沒花時間、下功夫，不可能有。三昧力就是執行觀照，達到念不著、心不昧，所產生的正念力。當心保任常態的關係，能脫落黏著性、依附性，無住的正念力產生，無礙的「神通」就會發生。

正念力可以像核能發電一樣啟動

「六通具足」——通力不是沒有，是有的。

如果我們現在沒下功夫，輪迴念頭還很複雜、很粗魯，沒辦法通，到處障礙，沒有修到「三昧力」出來，要了脫生死是比較困難。

當然，沒有「三昧力」，要明心見性、開悟智慧，還是可以的。

結語

有一個老參弟子問我：「師父啊，我修禪修三十年，就修一個『無』？」

　　我問他：「那你這三十年，到底發生了什麼事情？」

　　他說：「發生很多事。」一講完，他自己不好意思，笑起來了，既然修「無」，怎麼還有「很多事」？修「無」是沒有事；就是有事，也不去執著。

　　佛法的一切工作，都是教你回復本位！

為什麼要這樣做？因為要寂滅生活裡面的一切，還原本明，本明原始無造作！不要有一個東西去攪和它、混濁它、污染它，它自生自顯自解脫。

沒有空掉一切，自性光明就不明了，總有障礙，就是無明。

這個覺性本來就好好的，我們不修它，它也不會怎麼樣；修了它，它還是不增不減。

既然說，不修也是不增不減，修了

也是不增不減，那為什麼我們還要修呢？因為我們找不到那個不修的東西！

整個宇宙的狀況是「地、水、火、風、空、識」這六大組合的，我們五蘊身體也是這六大組合的。

「地」是堅硬性。「水」是濕性。「火」是熱性。「風」是動性，如出入息。這四大遍法界一切色法。「空」是四大所居住的基地。

「識」是識別，可以分別、執著，

可以取捨，可以創造一切，也可以毀滅一切，所以法界的主宰是「識」，一切煩惱、業障、輪迴，都是「識」這個東西出了問題，所以「識」是修行的主題。

「識」有兩面，一面是物質層面，一面是空性層面。「識」的本質是空性，「識」的作用是物質的、輪迴的。

如何淨化這個「識」？「識」放在現象上，就是輪迴，就會生滅。「識」放在「空」的時候，就會「明」，這就

是坐禪的工作。禪修的目的就是讓「識」不去連貫、重複的發生。

所以當我們禪修的時候，對「識」的處理，叫作「覺知」！就是讓心專注、不散亂，離開那些遊戲，停止有為的戲論，讓心回家，回到空性的家。

什麼是心的家呢？我們先要觀察心的家是什麼狀況？心表達了什麼呢？心的面貌是沒有任何的形相！

所以，這個心是沒有家的，心的家

是什麼形相都沒有，它用這個世界搭蓋了自己的房子。而這個世界是誰在住呢？我們的心！

那麼，我們怎麼讓心回家呢？也就是讓「識」回到「空性」的本質，這個才是宇宙核心的東西。所以當「識」不認識「空性」，就是物質的、生滅的，就輪迴不停，流浪生死，心就回不了家。

這是禪修的道理，也就是《心經》講的般若次第、心性止觀的次第，這是

修行人要牢牢掌握的要訣，要好好認清楚的唯一的道路，此外無他。

　　心是大圓滿，沒有缺陷過，一切具足，我們怎麼才能看到心的那份圓滿，證實到心的那份具足？六祖説「佛法在世間，不離世間覺，離世覓菩提，猶如求兔角」，就是要落實《心經》「緣起性空、性空緣起」的生活禪實踐，才能直接契入心的法界。

　　這不是説一個制式，非要這樣做，

而是為了引導實修，讓你明白原理，你

就會知道自己該怎麼去做了。

末後一偈：

息念還本　家何在

家貧識空　情境沒

豁然無束　情實開

趣然遨遊　於太虛

衲　心道　丁酉春安居

於臺灣靈鷲山無生道場

正法久住

南無本師釋迦牟尼佛

臨濟法脈表

重興丹霞山別傳寺第一代本煥乘妙大師
公元二〇〇七年陰曆九月十三日法眷

正法久住

南無本師釋迦牟尼佛
天竺第一祖摩訶迦葉尊者　第二祖阿難尊者
第三祖商那和修尊者　第四祖優婆毱多尊者
第五祖提多迦尊者　第六祖彌遮迦尊者
第七祖婆須蜜尊者　第八祖佛陀難提尊者
第九祖伏馱蜜多尊者　第十祖脇尊者
第十一祖富那夜奢尊者　第十二祖馬鳴尊者
第十三祖迦毘摩羅尊者　第十四祖龍樹尊者
第十五祖迦那提婆尊者　第十六祖羅睺羅多尊者
第十七祖僧伽難提尊者　第十八祖伽耶舍多尊者
第十九祖鳩摩羅多尊者　第二十祖闍夜多尊者
第二十一祖婆修槃頭尊者　第二十二祖摩拏羅尊者
第二十三祖鶴勒那尊者　第二十四祖師子比丘尊者
第二十五祖婆舍斯多尊者　第二十六祖不如蜜多尊者
第二十七祖般若多羅尊者　中華初祖第二十八祖菩提達摩尊者
中華第二祖慧可大師　第三祖僧璨大師
第四祖道信大師　第五祖弘忍大師
第六祖慧能大師　遞傳
南嶽懷讓禪師　馬祖道一禪師
黃檗希運禪師　臨濟第一世臨濟義玄禪師
第二世興化存獎禪師　第三世南院慧顒禪師
第四世風穴延沼禪師　第五世首山省念禪師
第六世汾陽善昭禪師　第七世石霜楚圓禪師
第八世楊岐方會禪師　第九世白雲守端禪師
第十世五祖法演禪師　第十一世圓悟克勤禪師
第十二世虎丘紹隆禪師　第十三世應菴曇華禪師
第十四世密菴咸傑禪師　第十五世破菴祖先禪師
第十六世無準師範禪師　第十七世雪巖祖欽禪師
第十八世高峯元妙禪師　第十九世中峰明本普應國師
第二十世千巖元長禪師　第二十一世萬峯時蔚禪師
第二十二世寶藏普持禪師　第二十三世東明慧旵禪師
第二十四世海舟普慈禪師　第二十五世寶峯明瑄禪師
第二十六世天奇本瑞禪師　第二十七世無聞明聰禪師
第二十八世笑巖月心德寶禪師　第二十九世幻有正傳禪師
第三十世天隱圓修禪師　第三十一世玉林通琇禪師
第三十二世茆溪行森禪師　第三十三世彩山超寶禪師
第三十四世楚雲明慧禪師　第三十五世幻住實靖禪師
第三十六世慧天際覺禪師　第三十七世智山了願禪師
第三十八世印然達聽禪師　第三十九世然千悟亮禪師
第四十世佛海真覺禪師　第四十一世福經空印禪師
第四十二世妙蓮覺華禪師　丹霞山別傳寺開山祖師
第一代澹歸禪師　第二代樂說辯禪師
第三代充茂禪師　第四代勤修禪師
第五代六如禪師　第六代阿宇禪師
第七代今龜禪師　第八代智珠禪師
第九代澤萌禪師　第十代序東禪師
第十一代繼祖禪師　第十二代圓音禪師
第十三代鑒音禪師　第十四代空祖禪師
第十五代惟修禪師　第十六代願來禪師
第十七代興老禪師　第十八代忉如禪師
第十九代塵異禪師　第二十代能洪禪師
第二十一代法崇禪師　第二十二代角子禪師
第二十三代道濟禪師　第二十四代元興禪師
第二十五代利傳禪師　第二十六代一超禪師
第二十七代自新禪師　第二十八代常機禪師
第二十九代貫如禪師　第三十代海明禪師
第三十一代贊華禪師　第三十二代宗乾禪師
第三十三代純和禪師　第三十四代天然禪師
第三十五代寬永禪師　第三十六代祥光禪師
傳臨濟正宗南華堂上第四十三世虛雲性徹禪師

南華堂上第四十四世本煥乘妙大師　為
廣東省仁化縣丹霞山別傳寺重興第一代本煥乘妙大師
今將正法眼藏囑付
臨濟正宗第四十五世別傳堂上第二代常妙心道禪人
善自護持　偈云
常持諸佛無上戒　妙用無盡悟真如
心光照耀弘聖教　道德高尚普度生
臨濟正宗　覺性本法界同　如緣宏聖教　正法永昌隆
時維
公元二〇〇七年月十三日釋本煥乘妙
書於弘法丈室

國家圖書館出版品預行編目（CIP）資料

心經直契：空性的道路 / 心道法師著. -- 初版.
-- 臺北市：奇異果文創, 2017.05
108 面；14.8×21 公分 . --（好生活；10）
ISBN 978-986-93963-6-3（平裝）

1. 般若部

221.45   106005878

心經直契：空性的道路

好生活
010

作　　者　心道法師

校　　對　釋法用、劉湘吟
圖文提供　靈鷲山文獻中心

總 編 輯　廖之韻
創意總監　劉定綱
編輯助理　周愛華
美術設計　蘇品銓

法律顧問　林傳哲律師　昱昌律師事務所

出　　版　奇異果文創事業有限公司
地　　址　臺北市大安區羅斯福路三段 193 號 7 樓
電　　話　(02) 23684068
傳　　真　(02) 23685303
網　　址　https://www.facebook.com/kiwifruitstudio
電子信箱　yun2305@ms61.hinet.net

總 經 銷　紅螞蟻圖書有限公司
地　　址　臺北市內湖區舊宗路二段 121 巷 19 號
電　　話　(02) 27953656
傳　　真　(02) 27954100
網　　址　http://www.e-redant.com

印　　刷　永光彩色印刷股份有限公司
地　　址　新北市中和區建三路 9 號
電　　話　(02) 22237072

初　　版　2017 年 5 月 29 日
I S B N　978-986-93963-6-3
定　　價　新臺幣 250 元